Die Umi - Fibel

Lesestart-Neubearbeitung

Schreiblehrgang
Lateinische Ausgangsschrift

(von der Druckschrift zur Lateinischen Ausgangsschrift)

Erarbeitet von:
Ruth Thiele

in Zusammenarbeit mit:
Martina Schramm

Illustration:
Dorothea Tust

Kamp Schulbuchverlag Düsseldorf

Hinweise zum Schreiblehrgang

Der vorliegende Schreiblehrgang mit Lateinischer Ausgangsschrift („Von der Druckschrift zur Lateinischen Ausgangsschrift") sollte eingesetzt werden, nachdem die Kinder die Druckschrift – zumindest weitgehend – bereits erlernt haben (s. Arbeitsheft zur Umi-Fibel mit integriertem Druckschriftlehrgang, Bestell-Nr. 50108-9); er wird also in zeitlichem Abstand zur Fibel bearbeitet. Frühestens sollte dieser Schreiblehrgang eingesetzt werden, wenn die Seite 28/29 (D/d) aus der Umi-Fibel behandelt wurde.

Der Schreiblehrgang beginnt mit schreibtechnisch „einfachen" Buchstaben innerhalb des Mittelbandes, die zudem den entsprechenden Druckbuchstaben ähneln. Es folgen Buchstaben mit Oberlänge und ab der Seite 31 auch Buchstaben mit Unterlänge. Um den Kindern die Unterschiede der beiden Schriftarten vor Augen zu führen, werden im Buchstabenfeld oben auf der Seite neben den Buchstaben in Lateinischer Ausgangsschrift immer ebenfalls die entsprechenden Buchstaben in Druckschrift aufgeführt. Zusätzlich finden sich auf den Seiten immer wieder Wörter oder kleinere (Sprechblasen-)Texte mit Druckschrift.

Der Aufbau der einzelnen Übungsseiten verfolgt das Prinzip „vom Leichten zum Schweren": Zunächst wird der Buchstabe, der geübt werden soll, in größerer Form zum mehrmaligen Nachspuren vorgegeben, wobei die Richtungspfeile hilfreich sind. Oben auf der Seite ist zum selbstständigen Schreiben des jeweiligen Buchstabens immer auch ein Freiraum verblieben. Es folgt Wortmaterial aus dem Grundwortschatz der Umi-Fibel, wobei grau gerasterte Vorgaben von den Kindern jeweils nachgespurt werden sollen. Neben bekannten Wörtern aus der Umi-Fibel wurden darüber hinaus weitere Wörter aufgenommen, wenn diese dazu dienen können, die unterschiedliche Anbindung von Buchstaben einzuüben. Da der Platz auf den Seiten des Schreiblehrgangs begrenzt ist, wird auf vielen Seiten dazu angeregt, kleine Texte in ein gesondertes Heft zu schreiben (vgl. Heftsymbol). Die kleinen Texte lassen sich z.T. variieren oder es lassen sich weitere Beispiele finden, die auch aufgeschrieben werden können.

Die Anlautbilder mit den Buchstaben in Lateinischer Ausgangsschrift (S. 46-47) sollen die Kinder ebenfalls über den eigentlichen Schreiblehrgang hinaus zu eigenen Schreibleistungen motivieren. Die Seiten können unterschiedlich genutzt werden: Entweder wird das zu dem Anlautbild passende Wort eingetragen oder es wird ein Lieblingswort aufgeschrieben, das mit dem entsprechenden Buchstaben beginnt oder in dessen Wortgestalt der Buchstabe vorkommt. In diesem Sinne besonders hilfreich ist auch das Plakat „Umis Lauttabelle" mit Lateinischer Ausgangsschrift (Bestell-Nr. 50103-8), das ebenfalls die bekannten Anlautbilder aus Fibel und Schreiblehrgang enthält und dazu dienen kann, auch unabhängig von der Buchstabenprogression die Kinder zu ersten eigenen Schreibversuchen und damit zu einer individuell unterstützten Aneignung der Schreibschrift zu motivieren.

Der Inhalt des Werkes folgt der reformierten Rechtschreibung und Zeichensetzung.
Währungsangaben erfolgen in Euro.

ISBN: 3 – 592 – **50112** – 7

© Copyright 1998 by Kamp Schulbuchverlag GmbH & Co. KG, Düsseldorf

Nach dem Urheberrecht vom 9. September 1965 i. d .F. vom 10. November 1972
ist die Vervielfältigung oder Übertragung urheberrechtlich geschützter Werke,
also auch der Texte, Illustrationen und Grafiken dieses Buches, nicht gestattet.
Dieses Verbot erstreckt sich auch auf die Vervielfältigung für Zwecke der Unterrichtsgestaltung
– mit Ausnahme der in den §§53, 54 URG ausdrücklich genannten Sonderfälle –,
wenn nicht die Einwilligung des Verlages vorher eingeholt wurde.
Im Einzelfall muss über die Zahlung einer Gebühr für die Nutzung fremden
geistigen Eigentums entschieden werden.
Als Vervielfältigung gelten alle Verfahren einschließlich der Fotokopie,
der Übertragung auf Matrizen, der Speicherung auf Bändern, Platten,
Transparenten oder anderen Medien.

Redaktion: Martina Schramm

Druck und Binden: Philipp Reclam jun. Graphischer Betrieb/Ditzingen

1. Auflage,   3., 4., 5. unveränderter Druck 2005, 2004, 2003
Alle Drucke (vom ersten bis zum fünften) dieser Auflage können im Unterricht nebeneinander
benutzt werden.
Die erste Zahl gibt den derzeitigen Druck an, die letzte das Erscheinungsjahr.

i m

Umi – mal so – mal so

Umi ist *im* 🌳 .

Ist Umi ⬜ 🏠 ?

Umi ist ⬜ ⛺ .

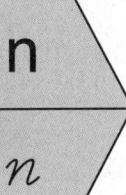
𝓃

n n

 Andi Andi And

 Tina Tina Tina Tina

in in

Tina in
der

Andi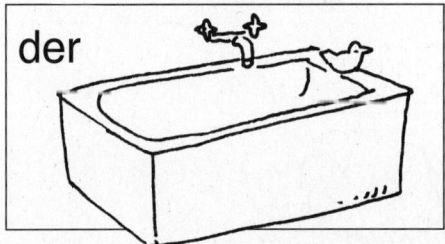
der

Tina in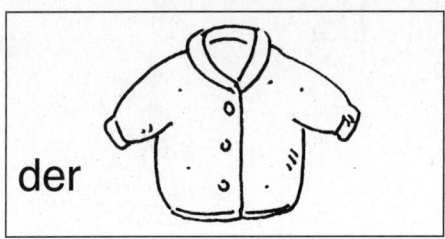
der

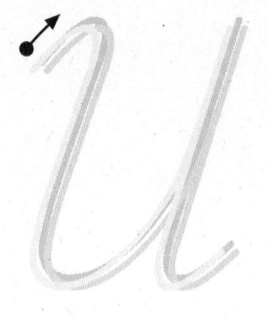

u u

um um

nun nun

U U

Umi Umi

nun U

nun

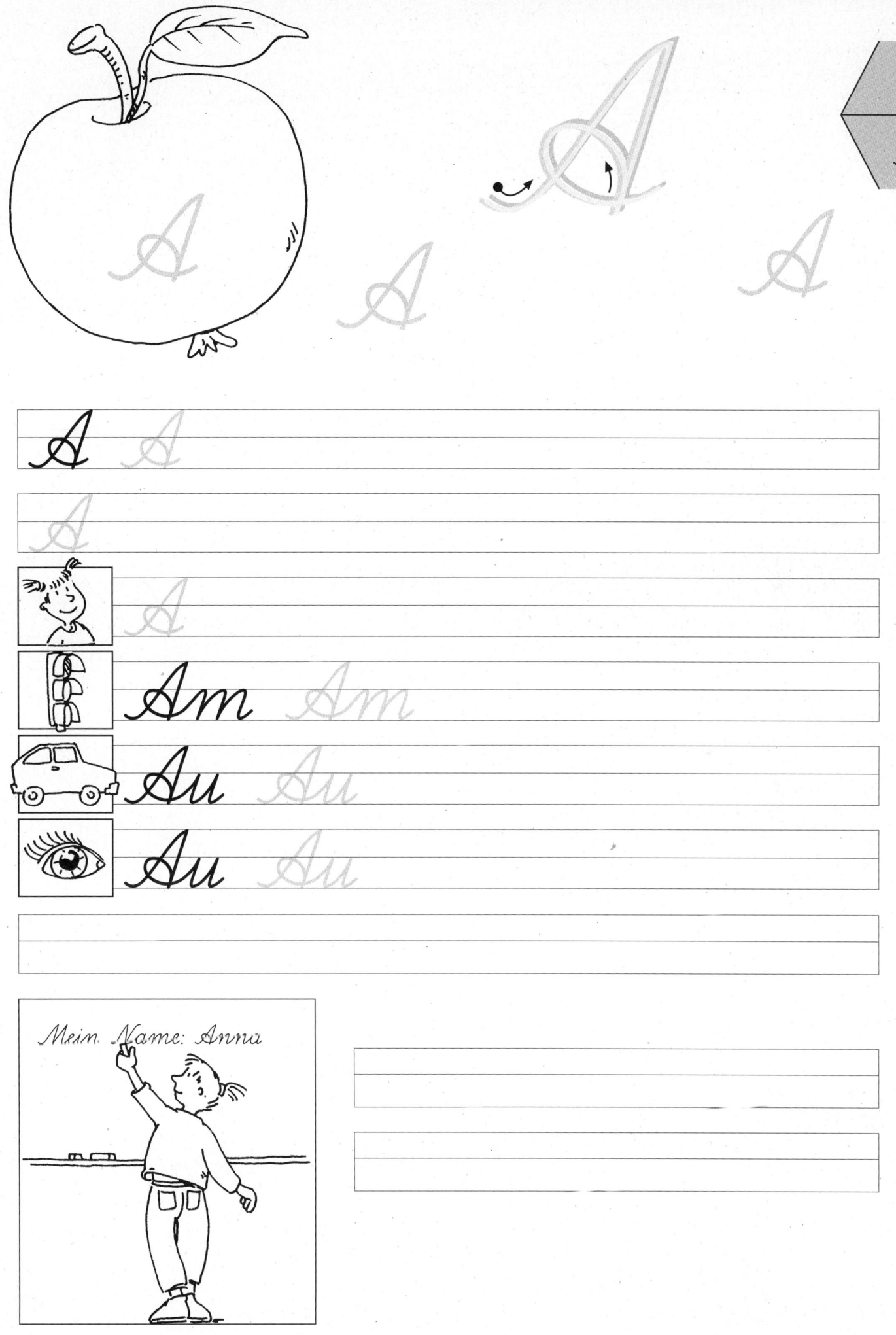

A

𝒜

𝒜

𝒜

Am

Au

Au

Mein Name: Anna

S s
S s

S S

Su Su

s s

si si

Susi

ist

Susi ist am   .

        .

        .

am
im
im
am
im

l l

los

alles

lila

Los, Umi.
Male alles an!

Male alles
lila an!

Umi malt Timo.
Timo malt Umi.
Tina malt Lusi.
Uli malt Nils lila an.

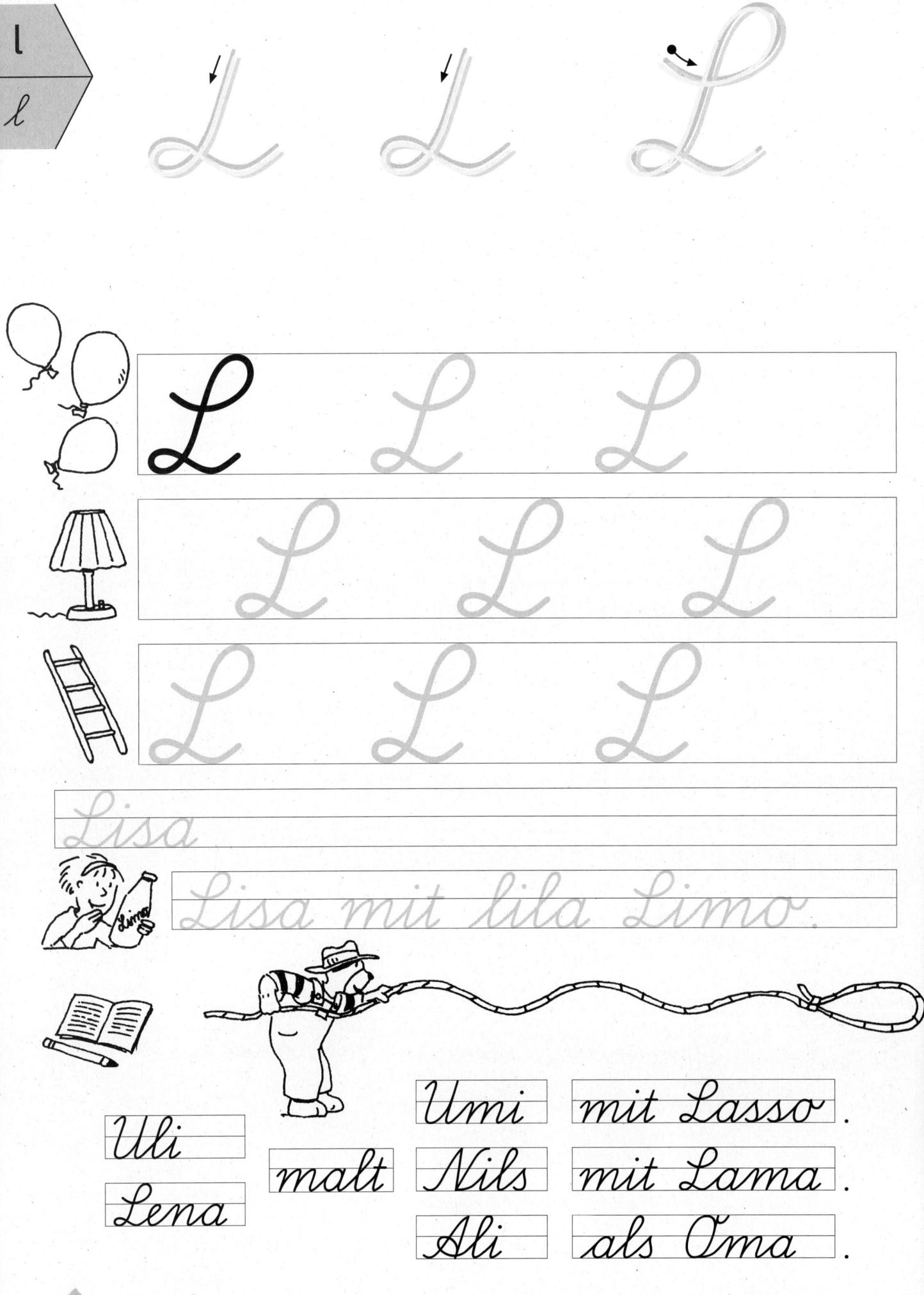

E Ei

Ela,
Mama ist
mit Limon
am See.
Oma

Lena,
Oma ist
mit Mama
am

k
k

k *k* *k*
k
k

Alle denken an Kati.

k *k*

kalt

kommen

Kim kann kommen.

Anne kann kommen.

Lena kann kommen.

Ich komme auch! Und Umi kann kommen.

Toll! Alle denken an Kati!

W / w

w w

weinen

weint

Tom weint laut.

Timo will Eis essen.

Lena will Wale malen.

was	wo	wie	wann

R R

Reime

Rita

Umi und Rita malen Reime.

Meise

Kind

Wolle

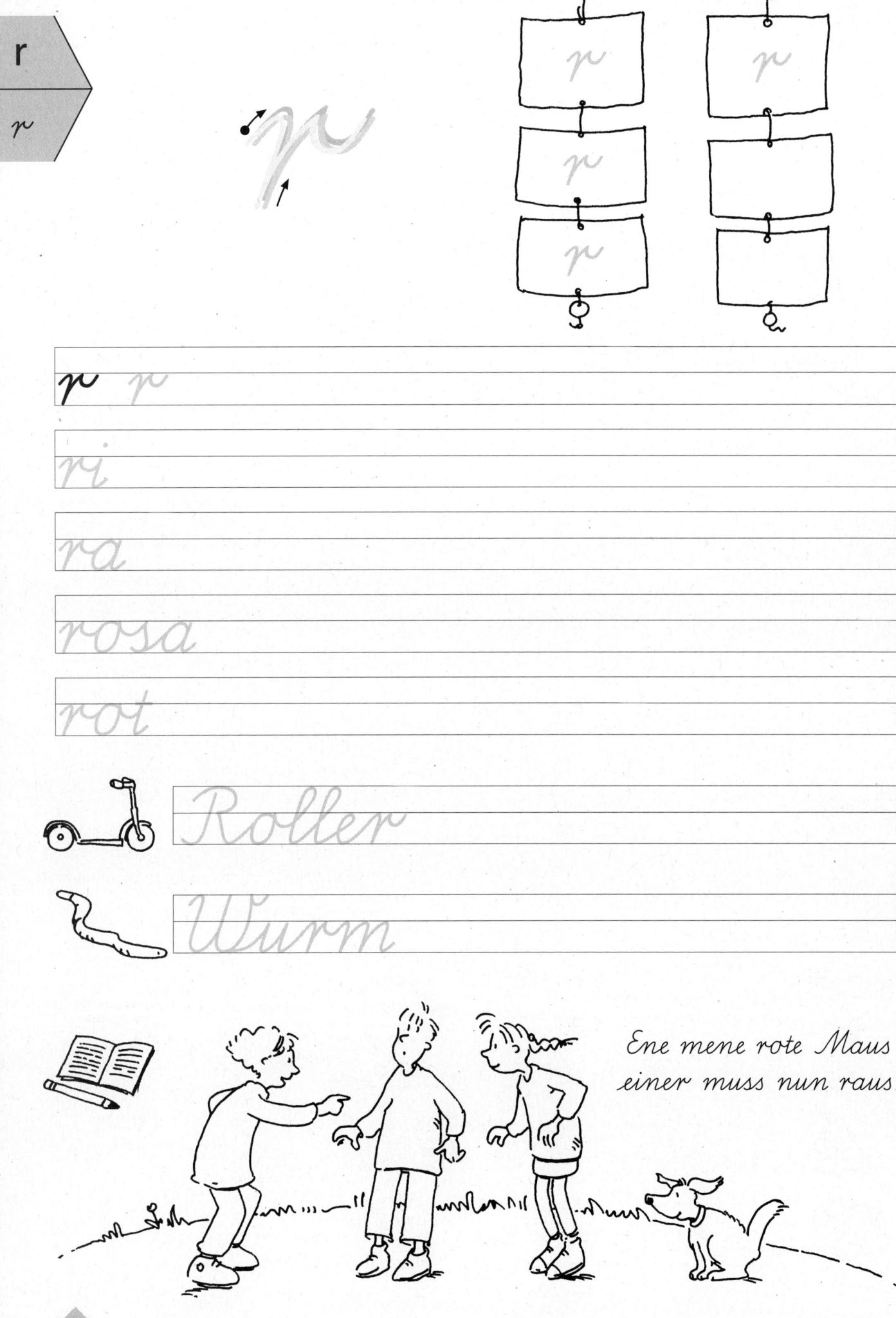

r r

ri

ra

rosa

rot

Roller

Wurm

Ene mene rote Maus
einer muss nun raus.

h

h h

hat

holt

nehmen

Andi und Dasti tollen herum.

Mama holt Wasser.

An Alina!
Das ist Dasti.
Willst du ihn
mal sehen?
  Andi

H

H H

Hund

Haus

Hose

Hemd

Hunde — leine
Hunde — halter
Hunde — rasse
Hunde — rennen

Sch sch

Sch sch

Sch 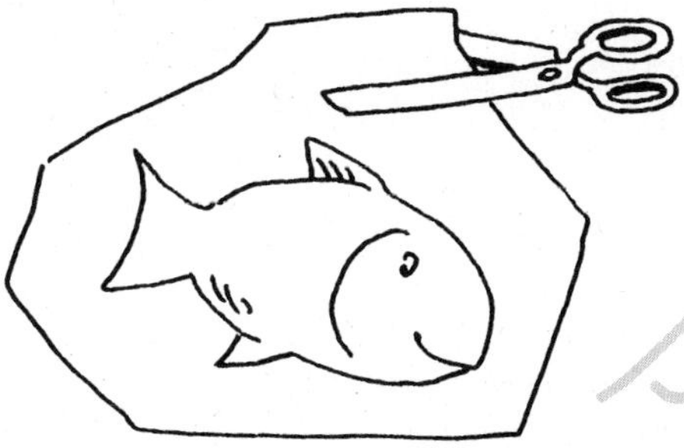 Sch

sch sch

Schere

Schwein

schneiden

Tisch

Umis Schere schneidet schnell.

B

Das soll Boris holen:

An Boris:
Bitte hole
ein Brot, drei Birnen,
Butter und drei
Bananen im Laden.
Danke!

Mama

Kleber

b

b b

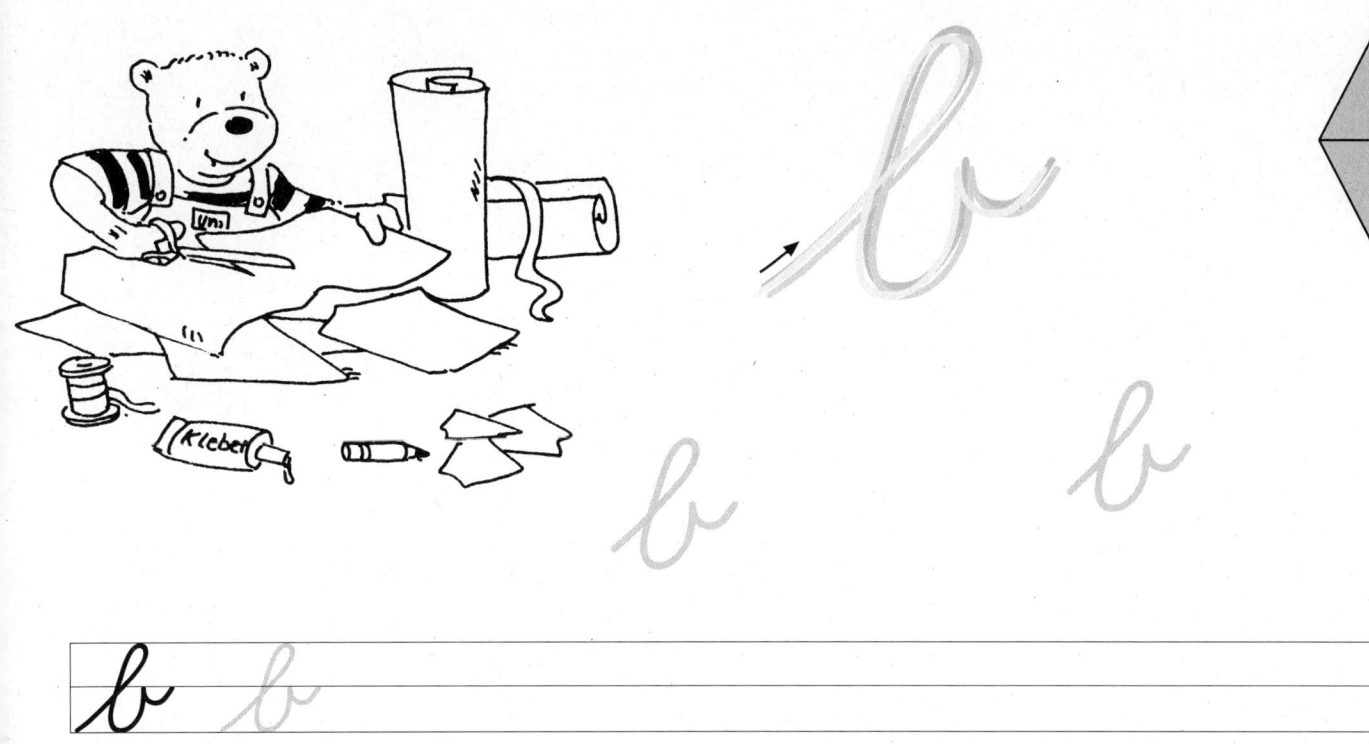

b b

bald

bei

Arbeit

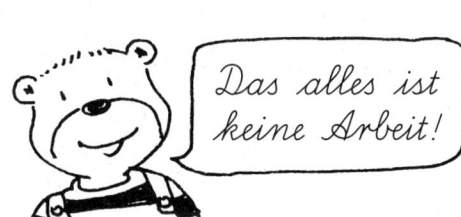

Das alles ist
keine Arbeit!

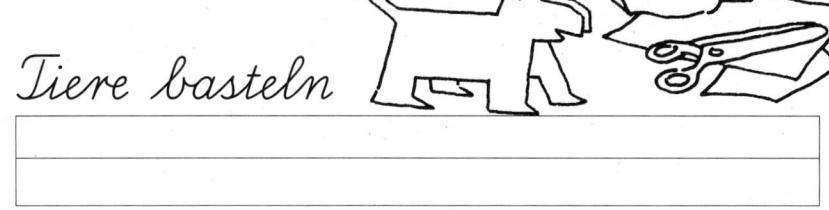

Tiere basteln

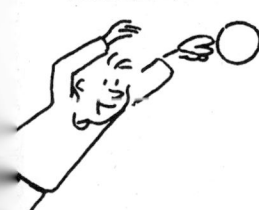

mit Kindern toben

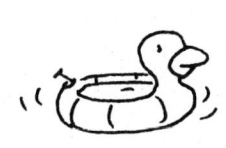

am See baden

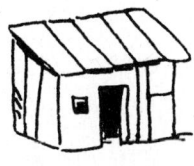

Buden bauen

V v
V v

V v

Vater

Vanille

v

viel

Eva

Vater arbeitet viel.
V liest Eva vor.
V ist krank.
V holt Eis.

28

Ch ch
Ch ch

ch ch Ch Ch ch ch ch ch Ch

suchen, suchen ...

ch ch

Buch

Tuch

Ch Ch

China

Alle suchen.

Boris sucht sein Buch.
Kim sucht ihr Tuch.
Oma sucht ihre Brille.
... und Umi sucht China.

f

f f

fein

rufen

kaufen

laufen

finden

Reime

laufen

laufen
klein
Saft
kaufen
fein
Kraft

P P

P

Pia

Paul

Post

Paket

Pia hat Post von Paul.
Umi hat Post von Oma Pauline.
Tina hat ein Paket von Onkel Pit.

G

G G

Geld

Giraffe

Gans

Garten

Geschenk

Geheimnis

Simon   kauft   eine Giraffe.
           findet   ein Geschenk.
Gabi   bastelt   Geld.

Nanu!

g

g g

gut

gehen

legen

Ich habe etwas gefunden!

Leg es wieder weg!

Da ist Geld drin!

ß

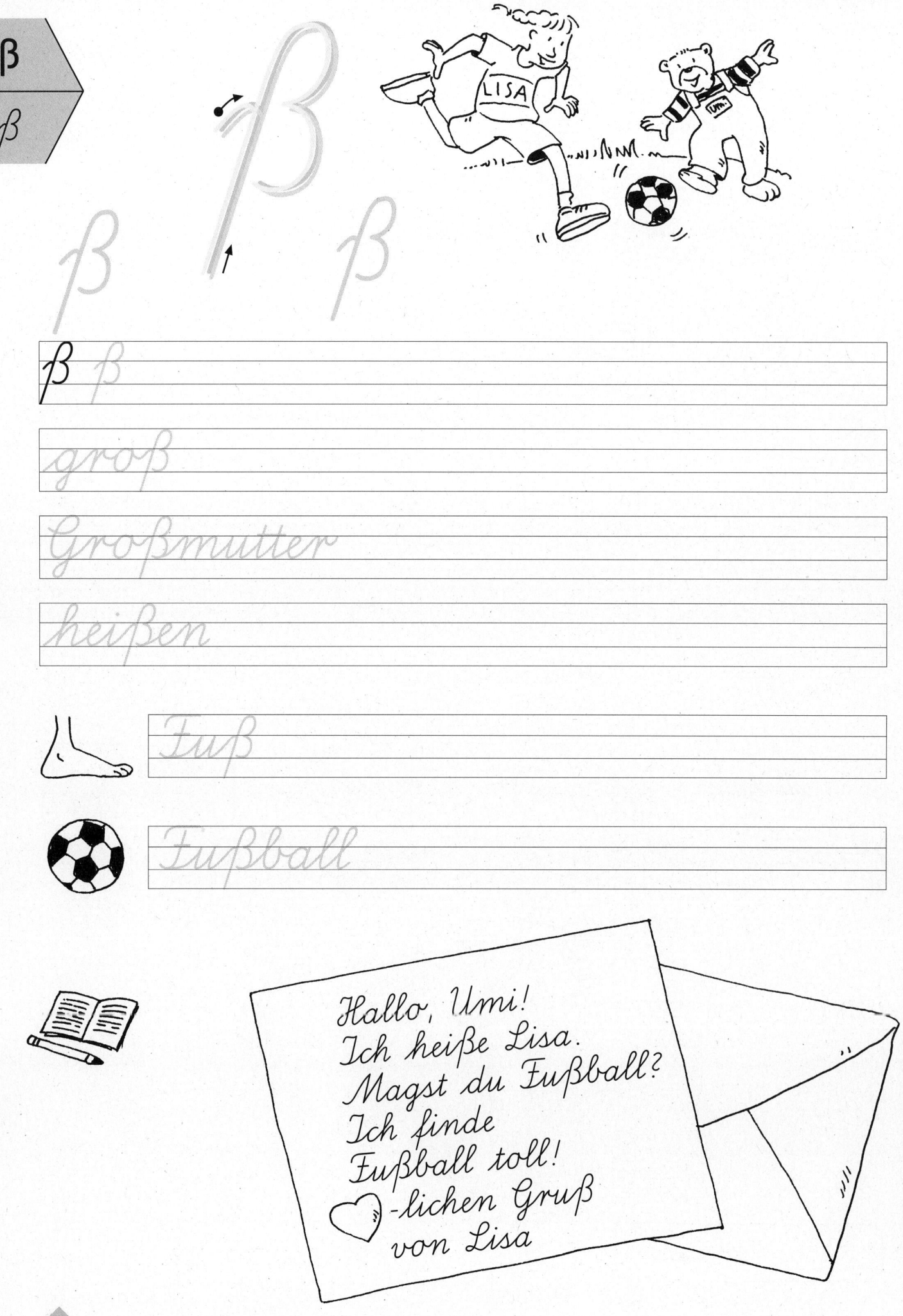

ß ß

groß

Großmutter

heißen

Fuß

Fußball

Hallo, Umi!
Ich heiße Lisa.
Magst du Fußball?
Ich finde
Fußball toll!
♡-lichen Gruß
von Lisa

Sp sp

Sp sp

Spiel und Spuk

Sp sp

Sp sp

sp sp

spielen

sprechen

Gespenst

Sp Sp

Spaß

Spiegel

Spinne

Toller Spuk
mit lustigen Gespenstern –
am Montag, 18 Uhr.
Wer spielt mit?
Umi

37

Z z
Z z

Z z

Zahn

Zunge

Zeh

z z

zeigen

Der Arzt sagt:
Zeig mal deine Zunge!

Der Zahnarzt sagt:
Zeig mal deinen schlimmen Zahn!

Y y

Y y

Teddy

Pony

Y y

Ypsilon

Yvonne malt ein Pony.
Umi malt einen Teddy.
Ali malt ein großes Ypsilon.
Eva malt einen Zylinder.

C c

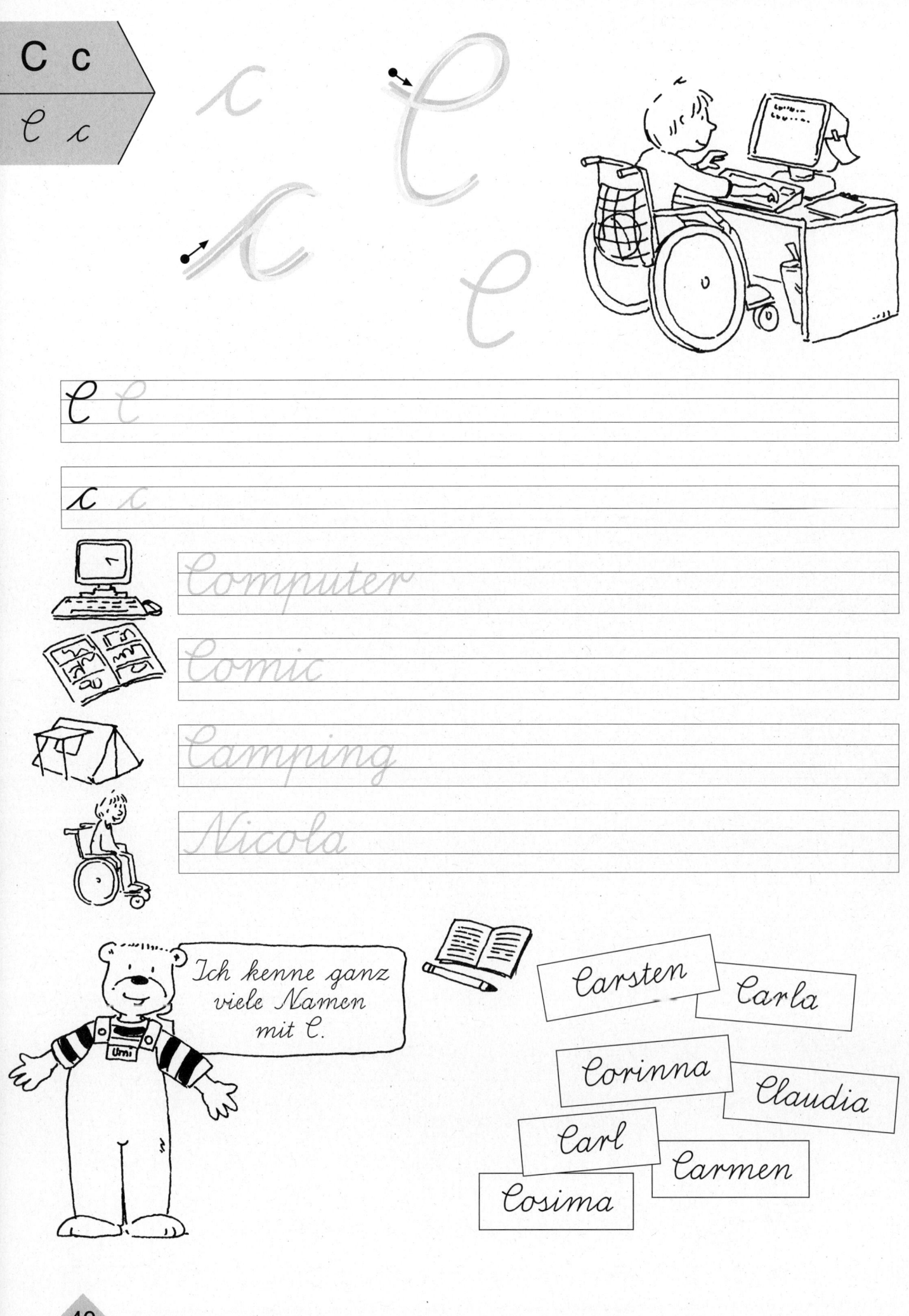

C c
c c

Computer

Comic

Camping

Nicola

Ich kenne ganz viele Namen mit C.

Carsten Carla
Corinna Claudia
Carl Carmen
Cosima

J j
J j

j j

ja

Sonja

Sonja bastelt einen Kalender.

J J

Jahr

Juni

Juli

Januar

Ä Ö Ü
ä ö ü

Ä ä
Ö ö
Ü ü

Ähre
Öl
Überholen verboten!

hört Musik.
Umi bastelt ein Geschenk für Oma.
schläft im Sessel.

X x

𝒳 𝒳

Xaver

𝓍 𝓍

Hexe

Taxi

Boxer

verflixt

Die kleine Hexe zaubert Blumen.
spielt Xylophon.
will hexen.

Qu qu
Qu qu

Qu Qu qu qu

Qu qu

Qu Qu

Quark

Quirl

Quelle

qu qu

quieken	quaken	quatschen

Erdbeer-Quark macht Bären stark!

44

Umis Buchstabenhaus

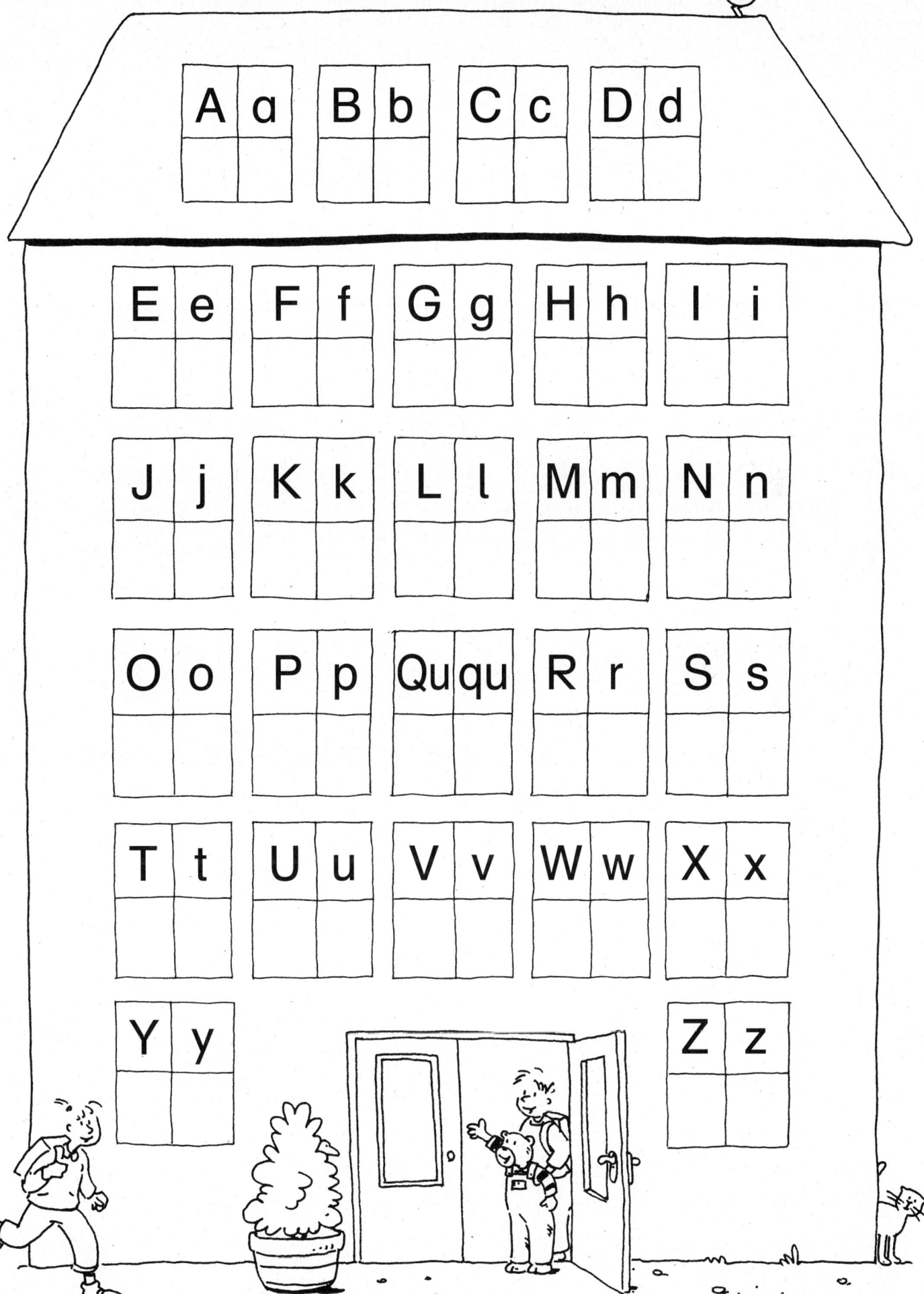

A a	B b	C c	D d

E e	F f	G g	H h	I i

J j	K k	L l	M m	N n

O o	P p	Qu qu	R r	S s

T t	U u	V v	W w	X x

Y y   Z z

A a Ameise
    Apfel

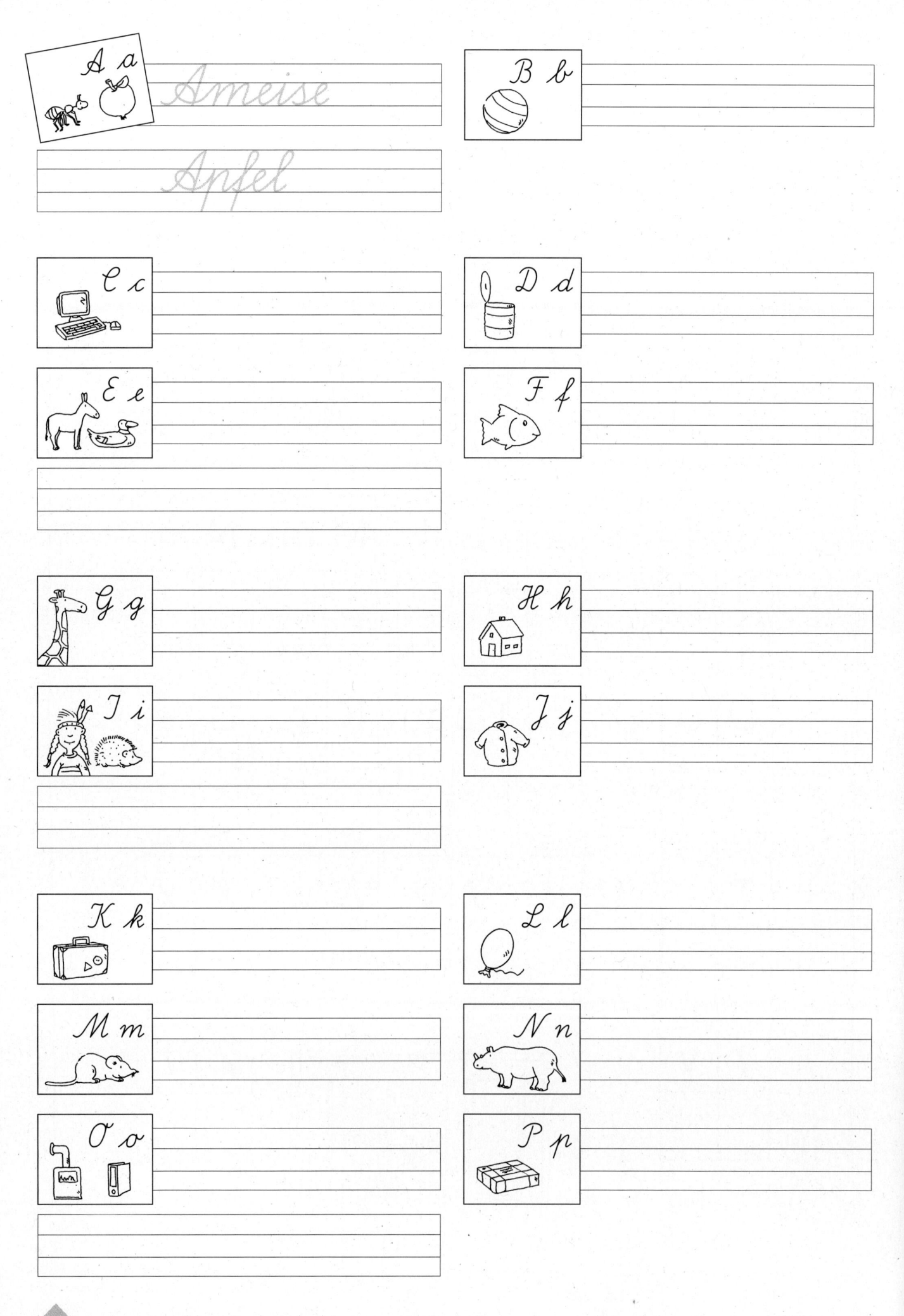

B b

C c

D d

E e

F f

G g

H h

I i

J j

K k

L l

M m

N n

O o

P p

46

Qu qu		R r
S s		T t
U u Umleitung		V v

| W w | | X x |
| Y y Pyramide | | Z z |

| Ei ei | | ie Wiese |
| Au au | | Ch ch Buch |

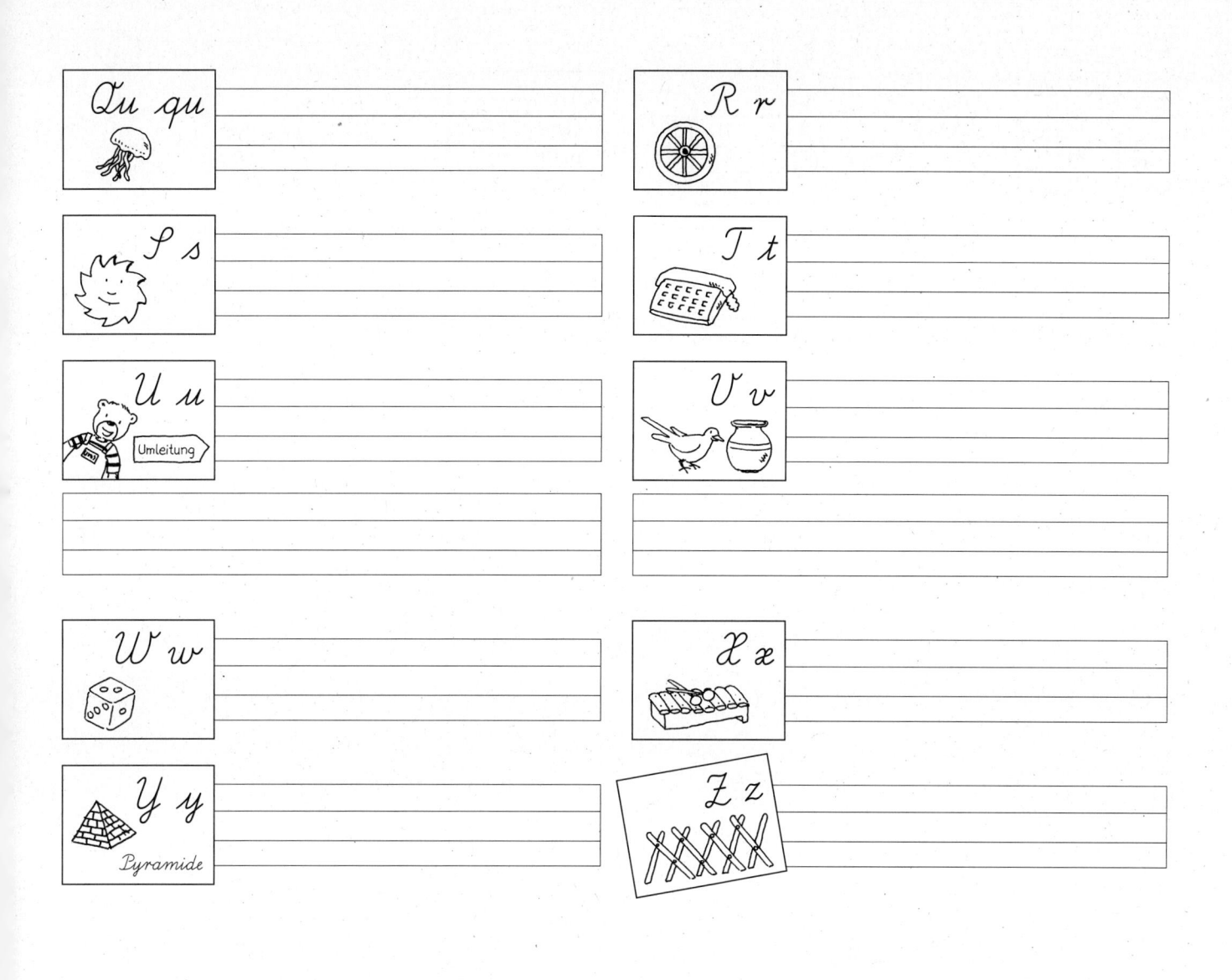

Sch sch

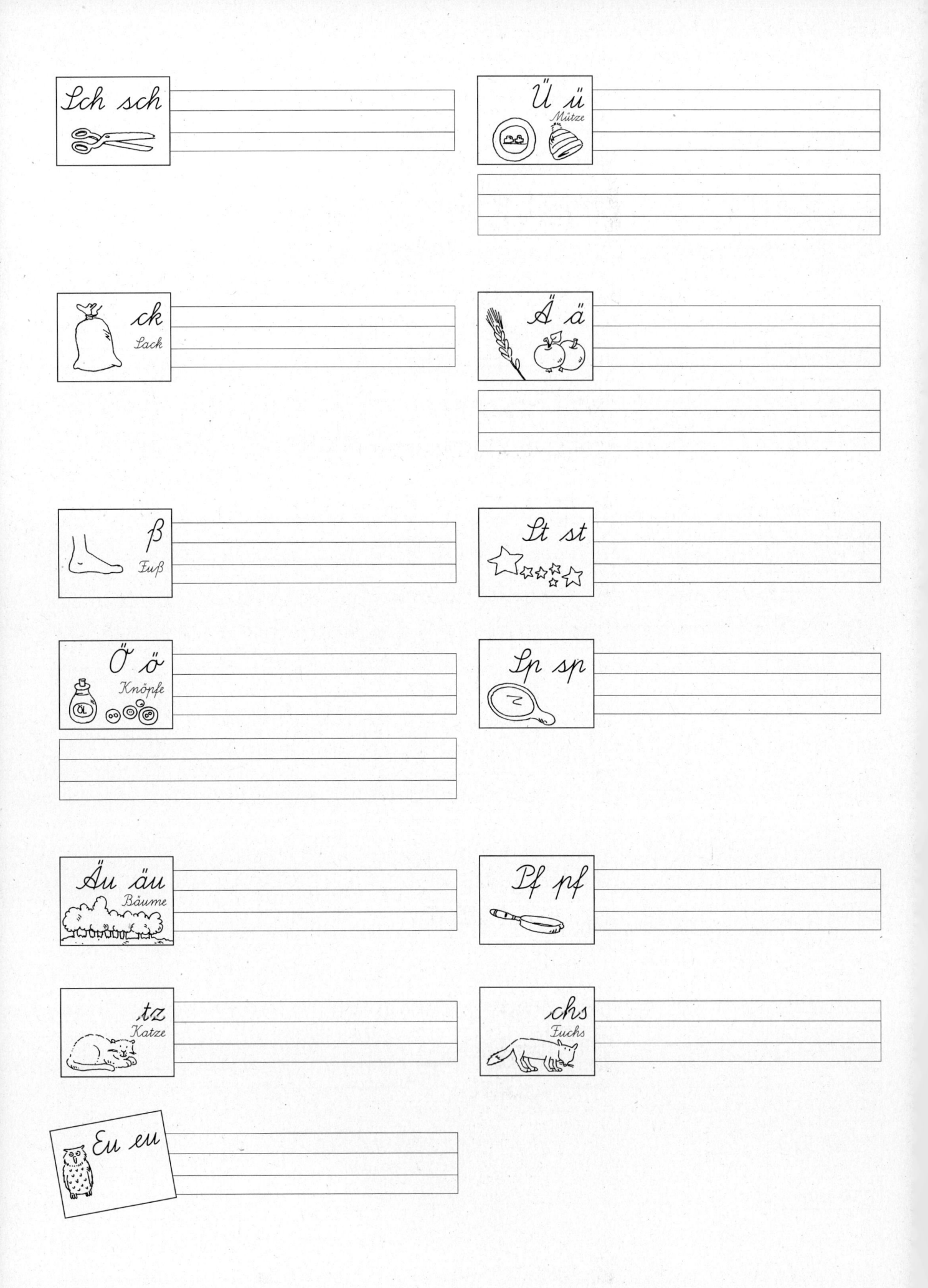

Ü ü
Mütze

ck
Lack

Ä ä

ß
Fuß

St st

Ö ö
Knöpfe

Sp sp

Äu äu
Bäume

Pf pf

tz
Katze

chs
Fuchs

Eu eu